Oldenbourg
KOPIER Bibliothek

Vertretungsstunden
1./2. Schuljahr

D1697117

Oldenbourg

Inhaltsverzeichnis

Die Zahlen 1 bis 5

Wie viele Dinge sind es?
Male genau so viele Striche und schreibe die Zahl daneben.

||| 3

||||| 5

Mehr – weniger – gleich viele

Rahme bei den kleinen Bildern das Bild mit der größeren Anzahl blau ein.

① Kann jedes Bärenkind einen Ball haben?   ja ☐   nein ☐
Prüfe nach und gib mit einem Strich jedem Bären einen Ball.

② Kann jedes Bärenkind einen Reifen haben?   ja ☐   nein ☐
Prüfe nach und gib mit einem Strich jedem Bären einen Reifen.

③ Kann jedes Bärenkind ein Seil haben?   ja ☐   nein ☐
Prüfe nach und gib mit einem Strich jedem Bären ein Seil.

Es sind mehr ...
als ...
Es sind weniger ...
als ...
Es sind gleich viele ...
und

© Oldenbourg Schulbuchverlag GmbH, Vertretungsstunden 1./2. Schuljahr

4

Größer als – kleiner als

① Schreibe das Größer-Zeichen > immer blau, das Kleiner-Zeichen < rot.

Mama ◯ Lilli

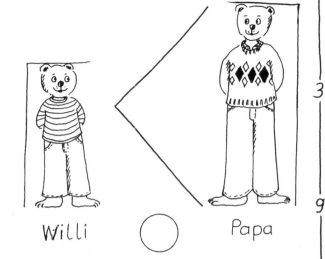

Willi ◯ Papa

② Lege die Zahlen als Türme. Lege danach mit zwei Stiften das passende Zeichen
darum. Schreibe das richtige Zeichen mit Rot oder Blau.

Der Viererturm **ist größer als**
der Zweierturm.

Der Einerturm **ist kleiner als**
der Fünferturm.

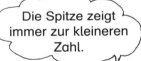

Die Spitze zeigt
immer zur kleineren
Zahl.

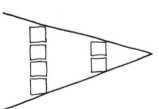

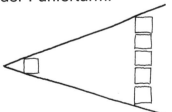

4 ist größer als 2

4 > 2

1 ist kleiner als 5

1 < 5

2 ◯ 3	7 ◯ 4	8 ◯ 6	5 ◯ 10	10 ◯ 0
6 ◯ 10	9 ◯ 3	5 ◯ 4	7 ◯ 9	10 ◯ 1
0 ◯ 5	10 ◯ 9	4 ◯ 2	3 ◯ 6	1 ◯ 0

Kreis-Puzzle

Dazu oder weg?

① Welche zwei Bilder gehören zusammen?
Rahme die Paare mit der gleichen Farbe ein.
② Wo werden es mehr Tiere? Schreibe das Pluszeichen in das Bildpaar.

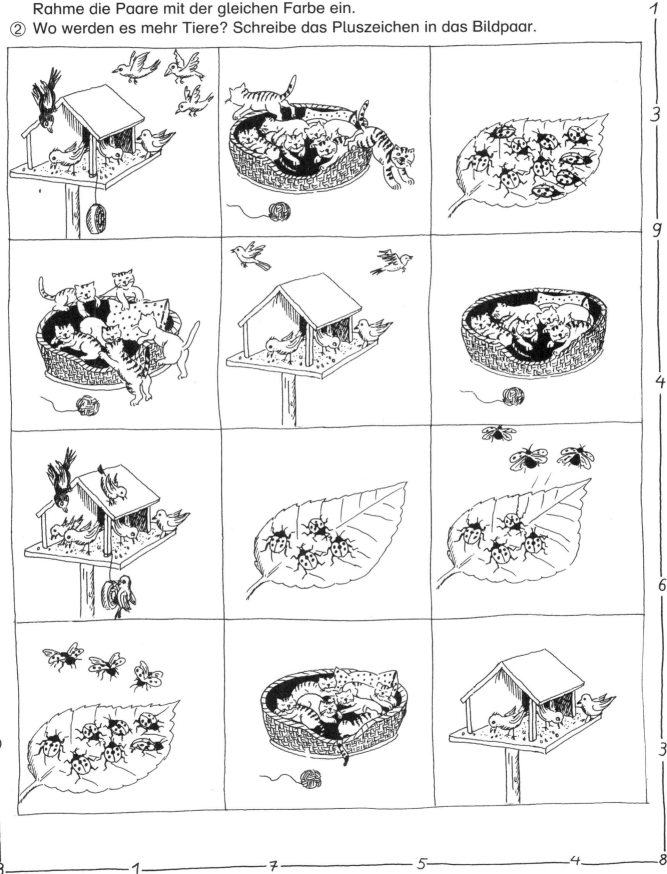

Plusaufgaben bis 10

① Lilli und Willi decken den Tisch. Erzähle noch mehr Plusgeschichten.

☐ + ☐ = ☐   ☐ + ☐ = ☐   ☐ + ☐ = ☐ ☐

Es sind keine Löffel da.

Es sind schon alle Gabeln da.

☐ + ☐ = ☐   ☐ + ☐ = ☐   ☐ + ☐ = ☐

② Wie heißen die nächsten zwei Aufgaben?

5 + 1 = ☐	5 + 1 = ☐	1 + 2 = ☐
6 + 1 = ☐	5 + 2 = ☐	2 + 2 = ☐
7 + 1 = ☐	5 + 3 = ☐	3 + 2 = ☐

1 + 1 = ☐	7 + 1 = ☐	6 + 4 = ☐ ☐
2 + 2 = ☐	6 + 2 = ☐	6 + 3 = ☐
3 + 3 = ☐	5 + 3 = ☐	6 + 2 = ☐

© Oldenbourg Schulbuchverlag GmbH, Vertretungsstunden 1./2. Schuljahr

8

Minusaufgaben bis 10

① Willi und Lilli wollen nicht mehr mitspielen.

zuerst	5			2 weg		dann	3
⚪⚪⚪⚪⚪				⚫⚫		⚪⚪⚪	
	5	minus		2	ist gleich		3
	5	−		2	=		3

② Erzähle dazu und schreibe die passende Minusaufgabe auf.

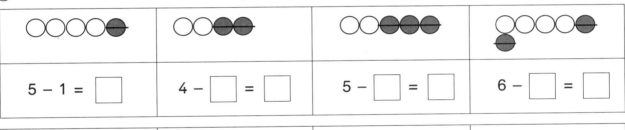

5 − 1 = ☐   4 − ☐ = ☐   5 − ☐ = ☐   6 − ☐ = ☐

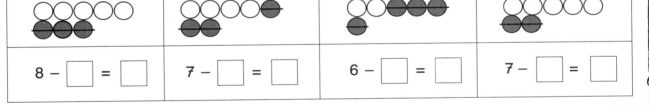

8 − ☐ = ☐   7 − ☐ = ☐   6 − ☐ = ☐   7 − ☐ = ☐

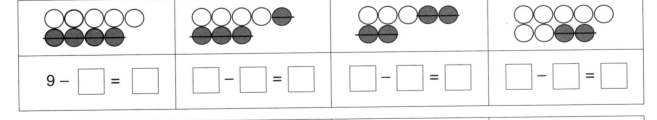

9 − ☐ = ☐   ☐ − ☐ = ☐   ☐ − ☐ = ☐   ☐ − ☐ = ☐

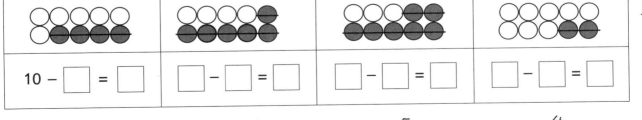

10 − ☐ = ☐   ☐ − ☐ = ☐   ☐ − ☐ = ☐   ☐ − ☐ = ☐

© Oldenbourg Schulbuchverlag GmbH, Vertretungsstunden 1./2. Schuljahr

Bärenkindergeburtstag

① Erzähle zu den Bildern eine Rechengeschichte.
Rahme das Bild und die passende Rechenfrage mit der gleichen Farbe ein.

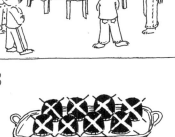

> Wie viele Kerzen muss ich noch kaufen?

> Wie haben euch die Schokoküsse geschmeckt?

> Wie viele Kerzen habt ihr auf einmal ausblasen können?

> Wie viele Stühle muss ich noch bringen?

> Wann müsst ihr wieder nach Hause gehen?

> Wie viele Bärenkinder seid ihr am Geburtstag?

> Wer mag noch Würstchen?

> Wie viele Schokoküsse habt ihr schon gegessen?

$12 - 7 = \boxed{}$

$18 - 12 = \boxed{}$

$9 - 6 = \boxed{}$

$5 + 4 = \boxed{}$ oder $7 + 2 = \boxed{}$

② Welche Rechnung passt? Rahme mit der gleichen Farbe wie oben ein.

③ Schreibe die Frage, Rechnung und Antwort in dein Heft.

© Oldenbourg Schulbuchverlag GmbH, Vertretungsstunden 1./2. Schuljahr

Ansichten beim Kästchenhüpfen

Schreibe die Ziffern von 1 bis 6 groß auf sechs Blätter und stelle dich wie die Kinder.

Wie sehen die Bärenkinder die Zahlen?
Trage die Namen der Bärenkinder richtig ein und zeichne die Ansichten der Ziffern.

von vorne	von hinten	von rechts	von links
1	⌐	→	←
2			
3			
4			
5			
6			

Geldbeträge bis 100 ct

① Was kannst du dafür kaufen? Male oder schreibe.

② Wie viel Geld ist das?
Wechsle in möglichst wenige Münzen um, zeichne und schreibe.

30 ct

③ Wie viel Geld hat jedes Kind im Geldbeutel? Welches Kind hat am meisten?
Rahme blau ein. Welches Kind hat am wenigsten? Rahme rot ein.

Lilli · Willi · Lu · Mia · Max · Alma

ct	ct	ct	ct	ct	ct
21	22	25	26	28	29

Rechnen mit Geld

Name: _____

Datum: _____

(1) Geldbeträge zusammenzählen:

_____   _____

(2) Mit möglichst wenig Münzen bezahlen:

	50 ct	20 ct	10 ct	5 ct	2 ct	1 ct
35 ct						
94 ct						
69 ct						
70 ct						

(3) Du zahlst mit 1 €. Male das Rückgeld daneben:

35 ct   ....

79 ct   ....

68 ct   ....

(4) Rechne aus, wie viel du bezahlen musst:

 20ct   25ct    60ct   35ct   50ct   5ct

a)   _____ct + _____ct = _____ct

b)   _____

c) Du darfst dir für genau einen Euro Süßigkeiten kaufen. Was suchst du
dir aus? Male auf und schreibe einen passenden Zahlensatz dazu.

Wege im Raum: In der Bärenschule

Die Bärenkinder haben aus Schachteln die Räume ihrer Schule nachgebaut.

① Findest du dich in der Bärenschule zurecht?

a) Gehe durch den Eingang geradeaus, dann kommst du zum Hausmeister.
Es ist Raum Nummer ☐ .

b) Gehe durch den Eingang nach rechts bis zum Ende des Ganges.
Durch die rechte Tür kommst du zur Sekretärin und zur Rektorin.
Es ist Raum Nummer ☐ .

c) Gehe durch den Eingang nach rechts bis zum Ende des Ganges.
Durch die linke Tür am Ende des Ganges kommst du ins Lehrerzimmer.
Es ist Raum Nummer ☐ .

d) Gehe durch den Eingang nach links. Auf deiner rechten Seite sind hinter der
zweiten Tür die Toiletten für Mädchen in Raum Nummer ☐ und auf deiner linken
Seite die Toiletten für Jungen in Raum Nummer ☐ .

② In welchen Raum gehen Lilli, Willi und Frau Bär? Zeichne ihre Wege farbig ein.

a) Lilli geht nach links in den ersten Raum auf ihrer rechten Seite.
Es ist Raum Nummer ☐☐ .

b) Willi geht nach links und geradeaus durch die Tür.
Raum Nummer ☐☐ ist die Sporthalle.

c) Die Lehrerin Frau Bär geht nach rechts in den ersten Raum auf ihrer rechten Seite.
Es ist Raum Nummer ☐☐ .

③ Zeichne einen Plan vom Eingang deines Schulhauses bis zu deinem Klassenraum.

© Oldenbourg Schulbuchverlag GmbH, Vertretungsstunden 1./2. Schuljahr

14

① Wie lang ist der Weg der Schnecke?

Das kannst du bestimmt mit deinem Lineal genau nachmessen!

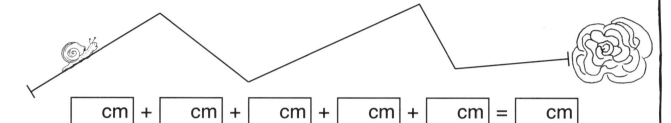

[ ] cm + [ ] cm + [ ] cm + [ ] cm + [ ] cm = [ ] cm

Der Weg der Schnecke zum Salat ist [ ] cm lang.

② Käferspur im Sand

Miss die Käferspur. Wie lang ist sie?

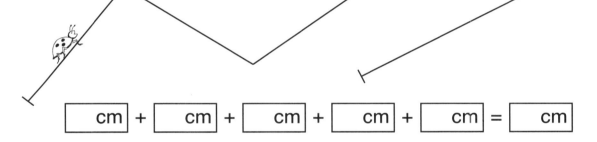

[ ] cm + [ ] cm + [ ] cm + [ ] cm + [ ] cm = [ ] cm

Die Käferspur ist [ ] cm lang.

③ Spinnennetz

Miss den Faden des Spinnennetzes. Wie lang ist er?

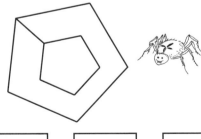

[ ] cm + [ ] cm + [ ] cm + [ ] cm + [ ] cm + [ ] cm +

[ ] cm + [ ] cm + [ ] cm + [ ] cm + [ ] cm = [ ] cm

Der Faden ist [ ] cm lang.

Paare finden

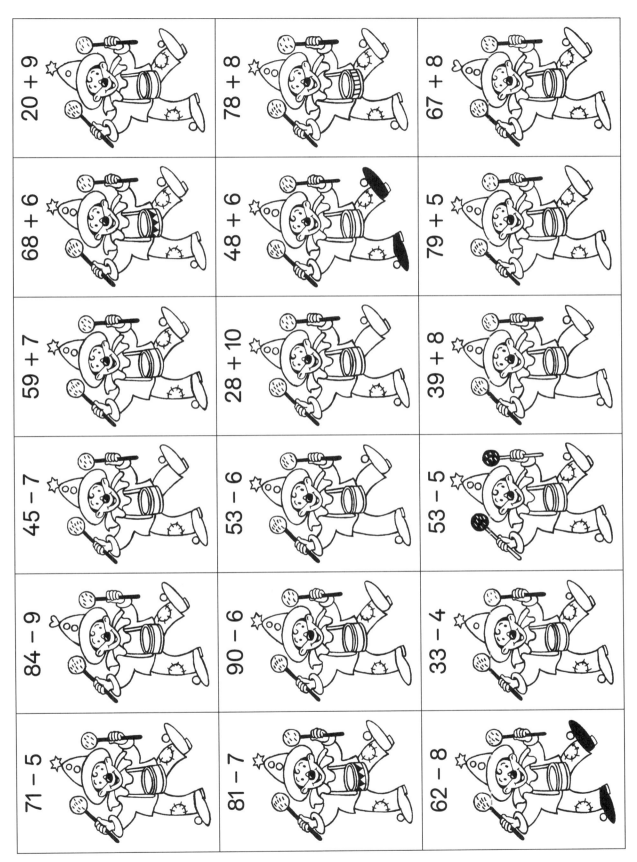

20 + 9	78 + 8	67 + 8
68 + 6	48 + 6	79 + 5
59 + 7	28 + 10	39 + 8
45 − 7	53 − 6	53 − 5
84 − 9	90 − 6	33 − 4
71 − 5	81 − 7	62 − 8

Rechne das Ergebnis aus. Suche Paare mit dem gleichen Ergebnis.
Schau dir den Clown genau an. Zu 2 Aufgaben findest du keinen Partner.

© Oldenbourg Schulbuchverlag GmbH, Vertretungsstunden 1./2. Schuljahr

16

Kreispuzzle

Zum Falten und Ausschneiden

Stelle dir die ganze Figur vor, dann falte und schneide aus.

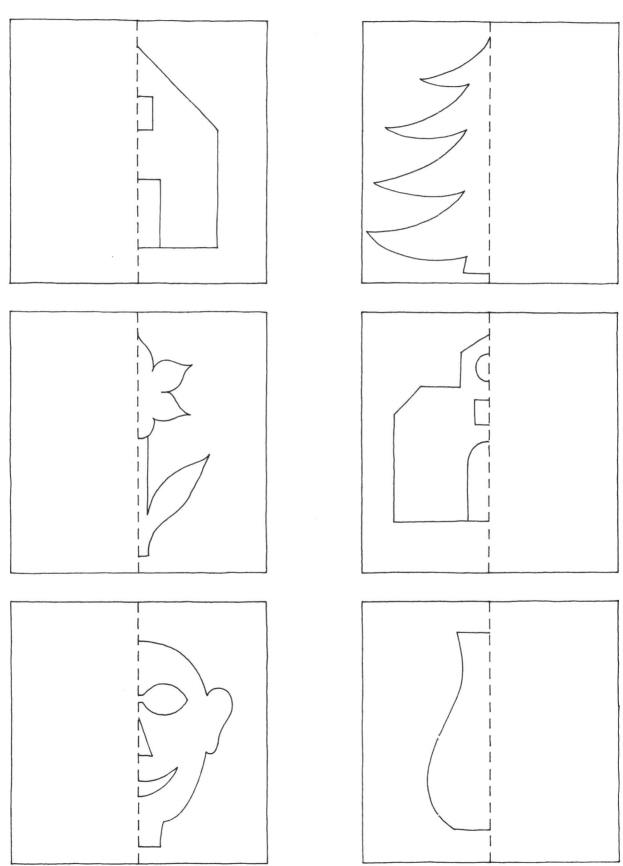

Stelle dir die ganze Figur vor, dann rolle und schneide aus.

Dein Tag

Male deinen Tag.

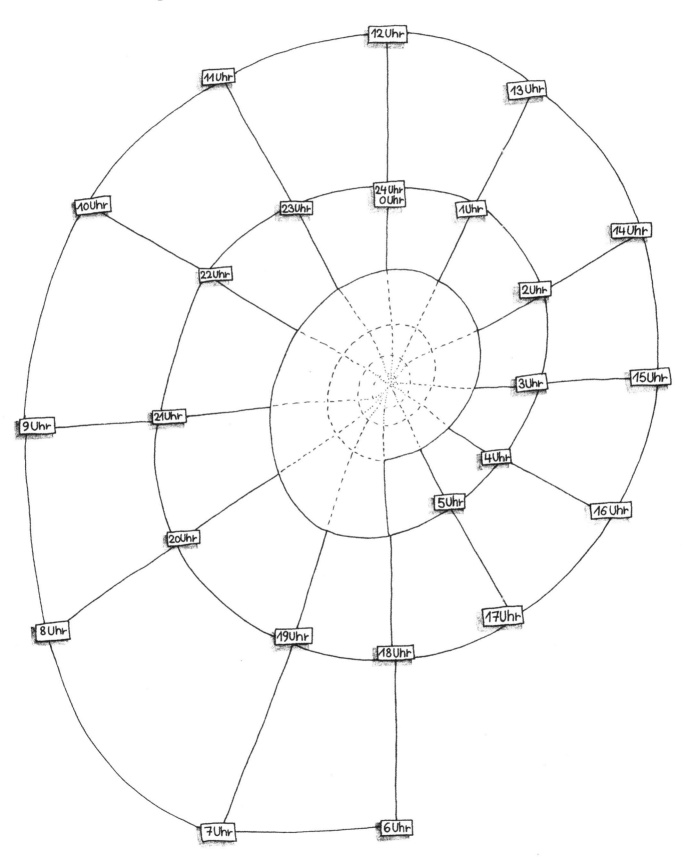

Wie spät ist es?

Trage die Uhrzeiten richtig ein:

Viertel vor drei	Fünf Minuten vor sechs	Zwanzig Minuten nach elf

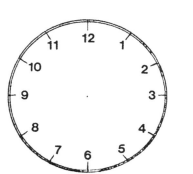 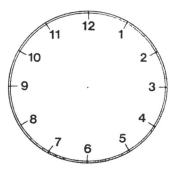 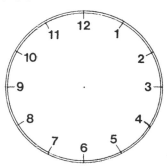

Trage Uhrzeiten vom Vormittag ein und schreibe sie dazu auf.

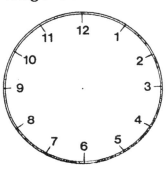 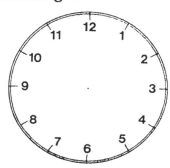 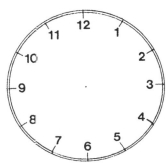

Trage Uhrzeiten vom Nachmittag ein und schreibe sie dazu auf.

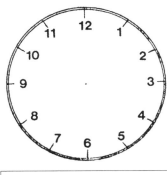 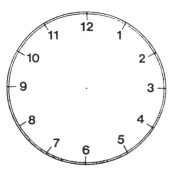 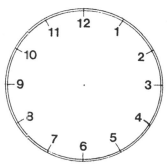

Es ist drei Viertel acht am Vormittag.		`7:45`	Es ist zehn Minuten nach acht Uhr am Abend.
	`20:10`	Es ist halb zehn am Morgen.	
`9:30`	Es ist eine Viertelstunde nach zwölf Uhr am Mittag.		`12:15`
Es ist halb drei in der Nacht.		`2:30`	Es ist zwanzig Minuten nach zehn Uhr am Vormittag.
	`10:20`	Es ist zehn Minuten nach drei Uhr am Nachmittag.	
`15:10`	Es ist fünf Minuten nach sieben Uhr am Abend.		`19:05`
Es ist 10 Minuten vor sechs Uhr am Morgen.		`5:50`	

Weltzeit

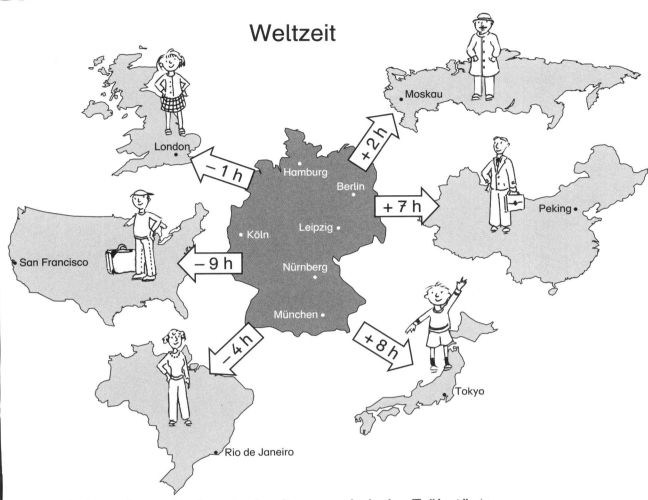

1. In Köln ist es 7 Uhr. Tanja sitzt gerade beim Frühstück.
   Wie spät ist es bei ihrem Onkel in Moskau? In Moskau ist es_____Uhr.

2. In Nürnberg ist es 12 Uhr. Paul geht von der Schule nach Hause. Sein
   Vater ist gerade auf Geschäftsreise in Peking. Wie spät ist es dort?
   In Peking ist es_____Uhr.

3. In Hamburg ist es 13 Uhr. Bei Michael zu Hause gibt es Mittagessen.
   Sein großer Bruder Stefan macht gerade Urlaub in San Francisco.
   Wie spät ist es dort? In San Francisco ist es_____Uhr.

4. In Frankfurt ist es 14 Uhr. Lena macht Hausaufgaben. Wie spät ist es
   bei ihrer Kusine Sarah in London? In London ist es_____Uhr.

5. In München ist es 18 Uhr. Peter isst gerade zu Abend. Wie spät ist es
   bei seinem Brieffreund Yosuke in Tokyo? In Tokyo ist es_____Uhr.

6. Clara in Leipzig liegt im Bett und schläft. Es ist 3 Uhr nachts. Ihre
   Schwester Corinna lebt in Rio. Wie spät ist es dort?
   In Rio ist es_____Uhr.

Name: ....

Datum: ....

Kalenderblatt

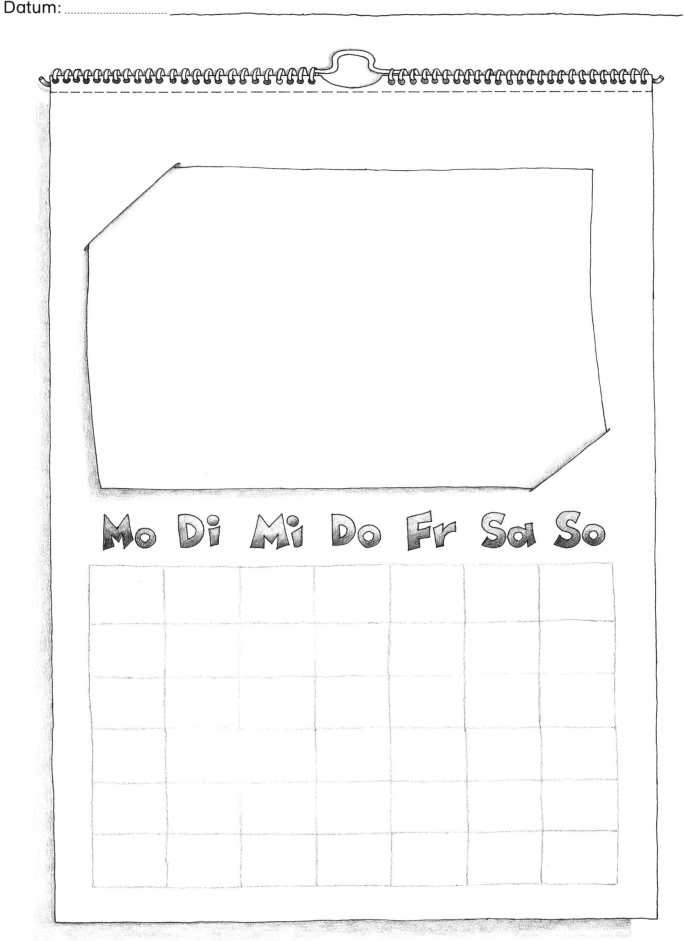

Mo Di Mi Do Fr Sa So

Unser Schulfrühstück

1. Wähle gesunde Speisen und Getränke für das Schulfrühstück aus. Kreise sie farbig ein.

2. Hier sind gesunde Zutaten für dein Schulfrühstück gesucht.

   1. Das liefert die Kuh.

   2. Eine Brotart.

   3. Eine Milchspeise.

   4. Ein Brotaufstrich.

   5. Eine Obstsorte.

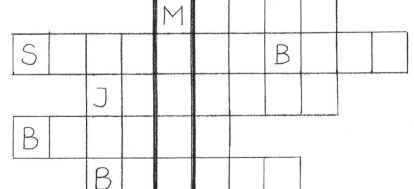

Die Buchstaben in dem dick umrandeten Feld nennen ein wichtiges Organ des Menschen:

(Seite auf DIN A3 vergrößern)

Tiere unserer Heimat

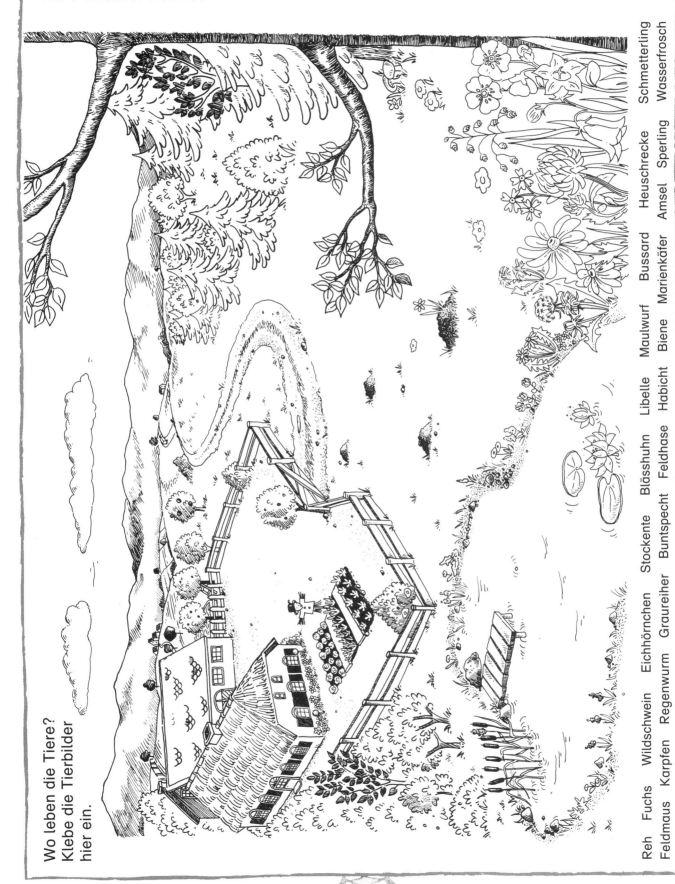

Wo leben die Tiere?
Klebe die Tierbilder
hier ein.

Schmetterling Wasserfrosch

Heuschrecke Sperling

Bussard Amsel

Maulwurf Marienkäfer

Libelle Biene

Blässhuhn Habicht

Stockente Feldhase

Eichhörnchen Buntspecht

Wildschwein Graureiher

Fuchs Regenwurm

Reh Karpfen

Feldmaus

25

Tiere unserer Heimat – Ausschneidebogen

Wetterdomino

START	Diese Schuhe sind für Regenwetter nicht geeignet.		Halte den Schirm gerade, damit du Autos und Fußgänger sehen kannst.
	Helle Kleidung schützt mich in der Dunkelheit und bei Nebel.		Wenn du in Pfützen springst, ist das für die anderen gar nicht lustig.
	Dieser Radfahrer ohne Licht bringt sich in Lebensgefahr.		Diese Kleidungsstücke schützen mich vor Kälte.
	Innen auf dem Gehsteig ist es sicherer!		Mit dem Schlittern gefährdest du dich und andere.
	Reflektoren schützen dich bei Nebel und in der Dunkelheit.		Bei Regenwetter brauchen Autos beim Bremsen länger.
	Nasses Laub bringt Rutschgefahr!		Der Polizist im weißen Mantel ist im Dunkeln gut zu sehen.
	Diese Farbe ist im Dunkeln und bei Nebel gut zu sehen.	gelb	ENDE

Das Lieblingstier von _____

Mein liebstes Tier ist _____ .

Sein Name ist _____ .

Am liebsten frisst es _____ .

Es hat gern, wenn ich _____

_____ .

So sieht es aus:

Was macht Stefan in den Ferien?

Wenn du die beiden Kreuzworträtsel löst, weißt du es.

Meine Tipps:
Du sprichst schp und schreibst **sp.**
Du sprichst scht und schreibst **st.**
Alle Lösungswörter beginnen mit SP oder ST.
Schreibe die Wörter in Großbuchstaben.
Schreibe **AU** und **CH** in ein Kästchen.

1. Das brauchst du zum Schreiben.

2. Daran hängt man eine Fahne auf.

3. Das dauert sechzig Minuten.

4. ein anderes Wort für Busch

5. Teil einer Pflanze

6. Wir _____ die Teller auf den Tisch.

7. Wenn du das mit deinem Geld machst, bist du bald reicher.

8. oberer Teil des Gesichtes

9. lange, dünne Nudeln

10. Am Morgen _____ wir auf.

11. ein anderes Wort für leise

12. Das machen alle Kinder gern.

STELLEN ✳ SPAGETTI ✳ STIFT ✳ SPIELEN ✳
STUNDE ✳ SPAREN ✳ STÄNGEL ✳ STIRN ✳ STANGE ✳
STEHEN ✳ STRAUCH ✳ STILL

Wir schreiben wie die Indianer

(Ich, Junge, Mädchen, Freund, 1, 3, 5, Vogel, Hund, Regen, Sonne, froh, traurig, ärgerlich, ängstlich, Haus, Fahrrad, Baum, Tag, Nacht, sehen, hören, reden, essen, mögen, geben, gehen, fragen, Wald, Berg, See, Weg)

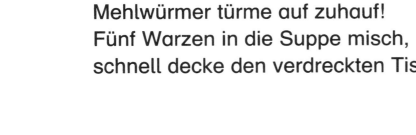

Igitt, igitt, was brodelt da?

Nimm Spinnenbeine, Krötenschleim
und mische dann noch Spucke rein.
Den Rattenschwanz als Deko drauf,
Mehlwürmer türme auf zuhauf!
Fünf Warzen in die Suppe misch,
schnell decke den verdreckten Tisch!

Schreibe ein eigenes Hexenrezept.

Der verborgene Schatz

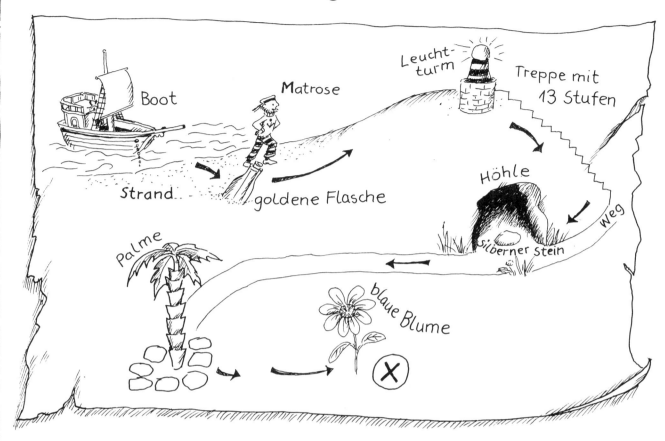

Auf dieser Schatzkarte kannst du sehen, welchen Weg der Matrose gehen muss, um zu dem geheimnisvollen Schatz (X) zu gelangen.
Welche Hinweise findet er?

Die Schatzkiste

Was ist in der Schatzkiste?
Male und schreibe.

Was macht der Matrose nun? Erzähle.

Piraten unterwegs

Auf dem Bild siehst du Piraten, die eine Insel entdeckt haben. Gerade bringen sie die geraubten Schätze an Bord ihres Schiffes. Doch etwas stimmt hier nicht. Denn in der Zeichnung haben sich Dinge versteckt, die es zur Zeit der Piraten noch gar nicht gab. Suche die 10 falschen Gegenstände heraus und schreibe sie auf.

_____

_____

_____

_____

_____

_____

_____

| Radio | Cola-Flasche | Fernseher | Fotoapparat | Turnschuhe |
| Laterne | Schwimmreifen | Luftmatratze | Computer | Flugzeug |

Achtung, Druckfehler!

Der Zauberer Larifari

Der Zauberer Larifari träumte in seinem Himmelfett von einem großen Goldschutz. Als er aufwachte, schlüpfte er sofort in seine Hase. Dann schaute er in seine Zauberkegel.

Nach einiger Zeit entdeckte er eine Schatzliste aus Holz. Aber die Liste wurde von einem furchtbaren Drachen belacht. Ohne zu zögern, verzauberte Larifari den Drachen in eine kleine graue Haus.

Als er die Liste öffnete, staunte er nicht schlecht. Statt des erwarteten Schatzes lag in der Kiste nur ein Zottel. Darauf stand: Wer zuletzt wacht, lacht am besten.

Dann hörte Larifari ein lautes Machen. Den Goldschutz aber fand er nie.

Findest du alle **13** Druckfehler?

Das kleine Gespenst

Seit vielen Jahren spukte das kleine Gespenst jede Nacht in der alten Berg Schlotterstein. Mal rasselte es mit Metten, mal schwebte es ohne Topf durch die Gänge. Aber allmählich hatte das Gespenst keine Last mehr zum Spuken. Die Burg war nämlich schon lange zerlassen. Deshalb beschloss das Gespenst eines Nachts, ins Dorf zu fließen und dort die Rinder in ihren Betten zu erschrecken.

Aber was musste das Gespenst erlesen? Die Kinder lagen nicht in ihren Fetten, sondern saßen vor dem Kernseher. Als sie das Gespenst ohne Topf sahen, lachten sie nur laut. Da wehrte das Gespenst wütend in seine Burg zurück.

Findest du alle **12** Druckfehler?

Der Vampir Fridolin

Eines Nachts erwachte Fridolin mit großen Bahnschmerzen. Die Lust am Reißen war ihm ziemlich vergangen.

Zum Glück wohnte die kluge Eule in der Nähe. Sie gab dem Vampir eine Rose Drachenfett. Damit sollte der Vampir seinen Bahn pflegen. Schon nach drei Wagen ließen die Schmerzen nach. Bald konnte der Vampir wieder so unbeschwert heißen wie früher.

Findest du alle **6** Druckfehler?

Die Wetterhexe Kunigunde

Kunigunde ritt mit ihrem Besen in eine dunkle Wolle. Sie ließ es kräftig donnern, blitzen und segnen. Bald legte ein heftiger Wind über das Land. Da konnte Kunigunde ihren Besen nicht mehr steuern.

Sie stieß gegen das Bach ihres Hauses. Der Besen verbrach. Kunigunde aber fiel in eine Mütze. So hatte sie ein paar blaue Decken und ein verrissenes Kleid. Doch nach einem warmen Rad und einer guten Tasse See hatte sie sich von ihrem Schrecken bald wieder erholt.

Findest du alle **10** Druckfehler?

Elfchen – Bauplan

So ist ein Elfchen aufgebaut:

			Beispiel:
1. Zeile:	Ein Wort	→ Namenwort ✳	Vogel
2. Zeile:	Zwei Wörter	→ Wo ist ✳ ?	am Ast
3. Zeile:	Drei Wörter	→ Wie ist ✳ oder was tut ✳ ?	singt sein Lied.
4. Zeile:	Vier Wörter	→ Ein Satz, der mit „Ich" beginnt.	Ich höre ihm zu.
5. Zeile:	Ein Wort	→ Schlusswort	Schön!

Elfchen – leeres Gedichtblatt

_____

_____   _____

_____   _____   _____

Ich _____ · _____   _____ .

_____

Ein Elfchen von _____

Avenidas – Bauplan

Ein Gedicht aus vier Namenwörtern („Avenidas"):

Namenwort 1
Namenwort 1 und Namenwort 2
Namenwort 2
Namenwort 2 und Namenwort 3
Namenwort 1
Namenwort 1 und Namenwort 3
Namenwort 1 und Namenwort 2 und Namenwort 3 und
Namenwort 4

Beispiel:

Schlüssel
Schlüssel und Truhe
Truhe
Truhe und Buch
Schlüssel
Schlüssel und Buch
Schlüssel und Truhe und Buch und
Zauberer

Avenidas – leeres Gedichtblatt

_____

_____ und _____

_____

_____ und _____

_____

_____ und _____

_____ und _____ und _____ und

_____

Ein Gedicht von _____

Schreiben zu Gegenständen

Eine geheimnisvolle Geschichte

So wird es gemacht:
- Wählt einen Gegenstand aus.
- Nehmt ihn in die Hand. Befühlt ihn. Riecht vorsichtig daran.
- Betrachtet den Gegenstand genau von allen Seiten.
- Legt den Gegenstand dann vor euch hin.

Stellt euch vor:
Hinter diesem Gegenstand verbirgt sich eine geheimnisvolle Geschichte.

- Schreibt alles, was euch zu diesem Gegenstand einfällt, auf kleine Karten.
- Legt die Karten zum Gegenstand.
- Überlegt euch auch Antworten auf diese Fragen:
  Woher kommt der Gegenstand? Wie sieht es dort aus? Wer lebt dort? Wie kommt der Gegenstand hierher?
- Lest alle Stichwortkarten noch einmal.
- Schreibt dann eure Geschichte dazu.

Viel Spaß!

Die Abenteuer der kleinen Schildkröte:
Eine Geschichte aus Textbausteinen

Tief im Sand vergraben wuchs die kleine Schildkröte in ihrem Ei heran. Hier war es warm, still und immer dunkel. Viele Tage träumte die kleine Schildkröte vor sich hin. Oft begegnete ihr im Traum die alte Meeresschild-  kröte. Da fing das kleine Schildkrötenkind an, sich nach dem tiefen, weiten Meer zu sehnen.

Eines Nachts erschien ihr wieder die alte Meeresschildkröte.

„Mach dich bereit, mein Kind", sprach sie. „Bald gehst du auf eine große Reise. Beeil dich, damit du vor Tagesanbruch das Meer erreichst. Haben dich erst die Räuber der Lüfte entdeckt, bist du verloren."

 „Endlich", dachte die kleine Schildkröte bei sich. Jetzt konnte sie es kaum noch erwarten, ihr dunkles Gefängnis zu verlassen. Plötzlich vernahm sie viele zarte Stimmen. „Das müssen meine Schwestern und Brüder sein", jubelte die kleine Schildkröte. Eilig machte sie sich daran, die Schale ihres Eies zu durchbrechen.

Doch kaum hatte sie ihr enges Heim verlassen, umschloss sie der Sand von allen Seiten. Voller Angst begann die kleine Schildkröte zu graben. Immer wieder schrie sie: „Wo seid ihr, liebe Geschwister?" Aber sie bekam keine Antwort. Längst hatten sich ihre Geschwister auf den Weg zum Meer gemacht.

Kurz vor Sonnenaufgang befreite sich die kleine Schildkröte aus dem Sand. Vor ihr lag das weite Meer. Über ihr waren die Rufe der räuberischen Möwen zu hören. Davor hatte sie  die alte Meeresschildkröte im Traum gewarnt. Da nahm sie all ihren Mut zusammen und rannte los. Im Schutz des Morgengrauen erreichte sie das Meer.

Sofort stürzte sich die kleine Schildkröte in die Fluten. „Juhu, ich komme", jauchzte sie und tauchte in die geheimnisvolle Welt unter Wasser ein. Immer wieder rieb sie sich ungläubig die Augen. So viele Farben! Was für ein Unterschied zu den dunklen Tagen im Ei!

 „Hallo, wer bist denn du?", fragte die kleine Schildkröte und näherte sich neugierig einem bunten Fisch. „Guten Tag, kleiner Freund", antwortete der Fisch munter. „Ich bin so bunt und fröhlich wie ein Papagei. Darum nennt mich hier jeder Papageifisch." Bewundernd umkreiste die kleine Schildkröte den Papageifisch. Dann fragte sie weiter: „Hast du vielleicht meine Geschwister gesehen?" Der Papageifisch nickte. „O ja, in dieser Nacht. Wenn du dich beeilst, kannst du sie noch treffen."

Die Abenteuer der kleinen Schildkröte

Kurze Zeit später streckte eine Seeanemone der kleinen Schildkröte die Arme entgegen. „Komm nur näher, kleiner Freund", flüsterte die Seeanemone. Die kleine Schildkröte wollte dieser Einladung schon folgen, doch plötzlich tönte es hinter ihr: „Stopp, bist du denn wahnsinnig! Hat dich das Biest erst mit seinen giftigen Fangarmen umklammert, bist du verloren." Erschrocken wich die Schildkröte zurück. Die Stimme gehörte zu einer riesigen Muschel auf dem Sandboden.

Die Muschel hielt es für ihre Pflicht, der unerfahrenen Schildkröte einen langen Vortrag zu halten. Als sie endlich damit fertig war, schwirrte der kleinen Schildkröte der Kopf. Sie hatte längst nicht alles verstanden. Aber sie traute sich nicht, die Muschel zu fragen. Deshalb bedankte sie sich nur höflich und schwamm schnell weiter.

Auf einmal umringten viele kleine Gesellen die kleine Schildkröte. „Hallo, noch so ein lustiger Panzerträger", kicherte es von allen Seiten. „Aber wer seid ihr denn?", erkundigte sich die kleine Schildkröte. „Gestatten, Pferdchen zur See oder kürzer Seepferdchen", klang es im Chor. Dann erzählten ihr die Seepferdchen, dass erst vor Kurzem viele kleine Schildkröten vorbeigekommen sind.

Die kleine Schildkröte wollte keine Zeit verlieren. Rasch setzte sie ihre Reise fort. Immer wieder erkundigte sie sich nach ihren Geschwistern. Bald schickte sie der Tintenfisch in die eine Richtung. Dann behauptete die Qualle, die Schildkröten ganz woanders getroffen zu haben.

Schließlich stand die kleine Schildkröte vor einem dunklen Höhleneingang. Vielleicht konnte sie ja hier mehr über ihre Familie erfahren. In diesem Augenblick schubste sie etwas zur Seite. Erschrocken schaute sie sich um. Da schwamm die große Meeresschildkröte direkt auf sie zu. „Fast wärst du in der Höhle der Muräne gelandet. Das wäre dein sicheres Ende", erklärte die alte Schildkröte atemlos. „Lass uns schnell verschwinden." Die kleine Schildkröte paddelte sofort los. Endlich hatten sie ein Korallenriff erreicht und waren außer Gefahr. Die kleine Schildkröte war überglücklich. Sie war sich ganz sicher: Das war die große Meeresschildkröte aus ihren Träumen. Nun wusste sie, dass alles gut wird.

Die Faschingsparty

Große Aufregung in der Schule! Annas beste Freundin veranstaltet eine Faschingsfeier und verteilt stolz die Einladungsbriefe. Anna möchte unbedingt eine Verkleidung haben, in der sie niemand erkennt. Sie geht zu Hause auf den Dachboden und durchsucht den alten Kleiderschrank. Aber alles ist zu groß! Da hat sie eine tolle Idee. Sie fragt ihre Großmutter, ob diese noch ein altes Bettlaken übrig hat. Gemeinsam schneiden sie eifrig zwei Löcher in das Tuch und malen einen gruseligen Mund. Eine alte Fahrradkette dient Anna als Rassel. Mit dem Schlüsselbund kann sie schaurige Geräusche machen. Fertig ist ihre Verkleidung!

1. Als was ist Anna verkleidet? _____

_____

2. Beschreibe deine Verkleidung.

_____

_____

_____

3. Male dich verkleidet.

Frühlingsblumen

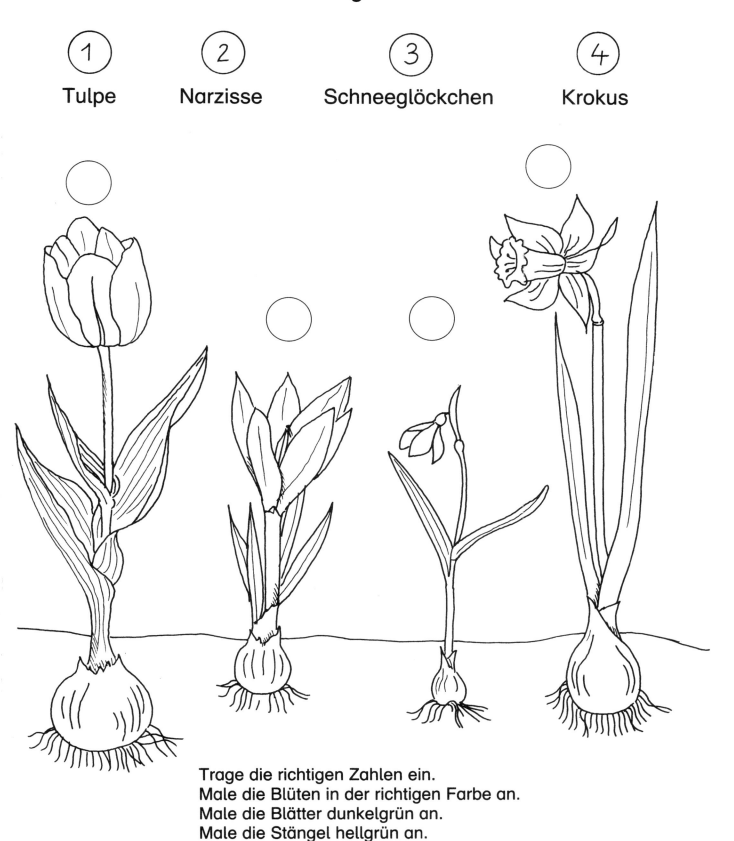

① Tulpe ② Narzisse ③ Schneeglöckchen ④ Krokus

Trage die richtigen Zahlen ein.
Male die Blüten in der richtigen Farbe an.
Male die Blätter dunkelgrün an.
Male die Stängel hellgrün an.
Male die Zwiebeln braun an.

Gartenarbeit im Frühling

Pflanze das Beet fertig.

Tierkinder

Im Frühling kommen die Tierkinder auf die Welt. Sie haben dann Zeit genug, bis zum Beginn des Winters zu wachsen und Kräfte für die kalte Jahreszeit zu sammeln. Kennst du die verschiedenen Namen in den Tierfamilien?

Ich bin die Ziege.
Meine Kinder hüpfen
über Stock und Stein,
es sind die

kleinen _____.

Ich bin das Lamm,
bin immer brav.
Meine Mama ist

das _____.

Ich bin die Henne mit
meinen kleinen

_____.

Ihr Vater,

der _____,
hilft mir nicht,
sie zu hüten

Ich bin das Fohlen.
Meine Mama, die Gute,

ist eine _____.
Wenn du mich bedrängst,
dann rufe ich meinen

Vater, den _____.

Ich bin ein Ferkel.
Ihr werdet lachen,
das weiß ich genau!
Mein Vater

ist der _____

und meine Mutter

ist die _____.

Ich bin die Katze
mit meinen Welpen.
Sag bloß nicht „Katze" zu
ihrem Vater,
sonst ist er beleidigt,

der _____.

Ich bin das Kalb.
Meine Mama ruft „muh",
denn sie ist ja

die liebe _____.
Mein Vater, der ist nicht hier,
er ist der große,

starke _____.

Osterei-Puzzle

Variante ①
Teile genau ausschneiden,
zusammensetzen und auf
Tonpapier kleben, ausmalen.

Variante ②
Ganzes Ei vergrößern. Ausmalen, auf Zeichenkarton
kleben. Selber zerschneiden.
Puzzleteile in einer Schach-
tel aufbewahren.

Osterfest

Male aus und erzähle vom Osterfest.

Ferienspaß

Was kannst du in den Ferien unternehmen? Male und schreibe.

... am Meer

Muscheln suchen
Sandburg bauen

... in den Bergen

mit der Seilbahn fahren
im See schwimmen

... auf dem Land

auf dem Pony reiten
Tiere füttern

... in der Stadt

ins Freibad gehen
Fahrrad fahren

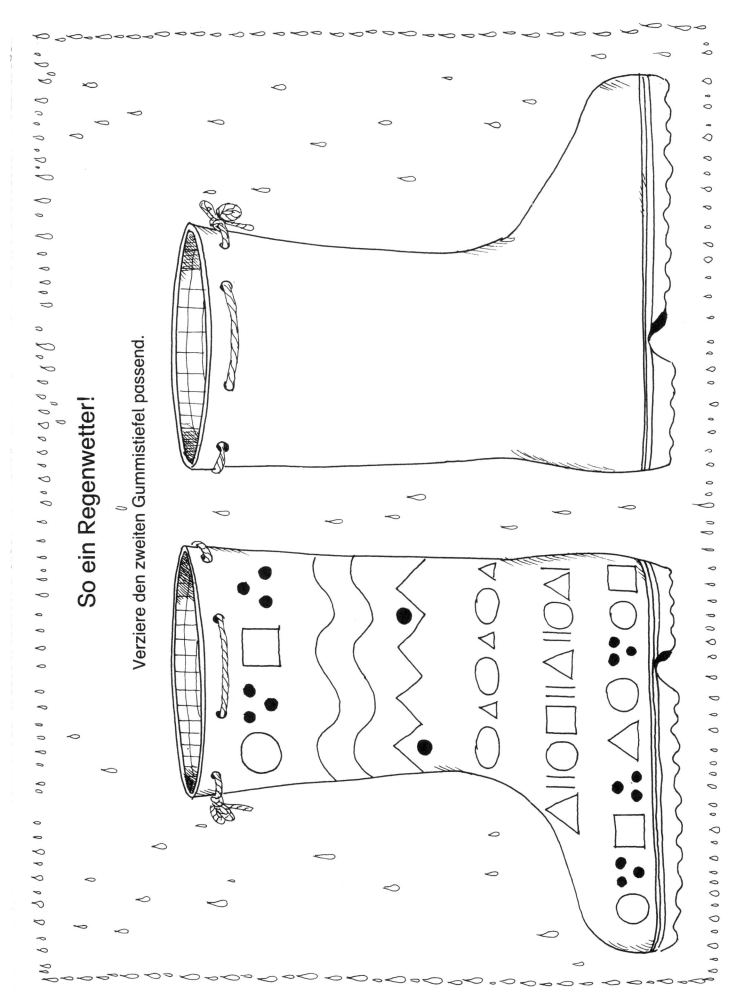

So ein Regenwetter!

Verziere den zweiten Gummistiefel passend.

Der Wind ist mein Freund

Der Wind ist mein Freund.
Ich liebe es, wenn der
Wind meinen Drachen
durch die Luft wirbelt.
Wenn er …
Das ist es, was mir so am
Wind gefällt.

Der Wind ist mein Freund.
Ich liebe es, wenn der Wind
die Bäume schüttelt und das
Laub durch die Luft wirbelt.
Wenn er …
Das ist es, was mir so am
Wind gefällt.

Meine Drachen-Geschichte

Lass den Drachen in Gedanken steigen. Erzähle, was er erlebt und macht. Die Wörter in den Schwanzschleifen helfen dir dabei. Und bestimmt fallen dir noch andere Wörter ein, die du für deine Geschichte verwenden kannst.

hoch
tief
blauer Himmel
kitzeln
Wind
Wolke treffen
tanzen schweben
steigen Luft
wirbeln stürzen

Bunte Herbstblätter

Nikolausgedichte

Draußen weht es bitterkalt,
wer kommt da durch den Winterwald?
Stipp-stapp, stipp-stapp und huckepack –
Knecht Ruprecht ist's mit seinem Sack.
Was ist denn in dem Sacke drin?
Äpfel, Mandel und Rosin'
Und schöne Zuckerrosen,
auch Pfeffernüss' für gute Kind' –
die ander'n, die nicht artig sind,
klopft er auf die Hosen.

Volksmund

Niklaus, Niklaus, heiliger Mann,
zieh die Sonntagsstiefel an,
reis' damit nach Spanien,
kauf' Äpfel, Nüss', Kastanien.

Volksmund

Oh, lieber, guter Nikolaus,
komm herein in unser Haus,
bringst viel Glück und Segen,
auf allen deinen Wegen.

Volksmund

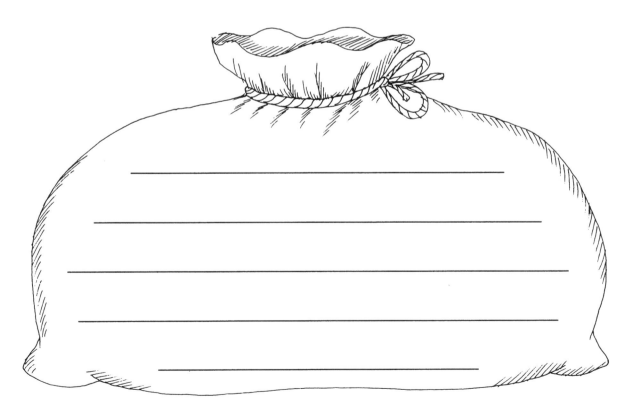

Erfinde ein eigenes Nikolausgedicht und schreibe es in den Sack.

Frau Holle

①

Eine
Witwe hatte
zwei Töchter. Davon
war die eine schön und fleißig,
die andere hässlich und faul. Sie hatte
aber die hässliche und faule, weil sie ihre
rechte Tochter war, viel lieber. Die andere musste
alle Arbeit tun und das Aschenputtel im Hause sein. Das
arme Mädchen musste sich täglich auf die große Straße bei einem
Brunnen setzen und musste so viel spinnen, dass ihm das Blut aus den Fingern
sprang.

Nun trug es sich zu, dass die Spule einmal ganz blutig war. Da bückte sich das Mädchen damit in den Brunnen und wollte sie abwaschen. Sie sprang ihm aber aus der Hand und fiel hinab. Es weinte, lief zur Stiefmutter und erzählte ihr das Unglück. Die schalt es aber so heftig und war so unbarmherzig, dass sie sprach: „Hast du die Spule hinunterfallen lassen, so hol sie auch wieder herauf!"

Da ging das Mädchen zu dem Brunnen zurück und wusste nicht, was es anfangen sollte: Und in seiner Herzensangst sprang es in den Brunnen hinein, um die Spule zu holen. Es verlor die Besinnung, und als es erwachte und wieder zu sich kam, war es auf einer schönen Wiese, wo die Sonne schien und viel tausend Blumen standen. Auf der Wiese ging es fort und kam zu einem Backofen, der war voller Brot. Das Brot aber rief: „Ach zieh mich heraus, zieh mich heraus, sonst verbrenn' ich! Ich bin schon längst ausgebacken!" Da trat es herzu und holte mit dem Brotschieber alles nacheinander heraus.

Danach ging es weiter und kam zu einem Baum. Der hing voll Äpfel und rief ihm zu: „Ach schüttel mich, schüttel mich, wir Äpfel sind alle miteinander reif!" Da schüttelte es den Baum, dass die Äpfel fielen, als regneten sie, und schüttelte, bis keiner mehr oben war. Und als es alle in einen Haufen zusammengelegt hatte, ging es wieder weiter.

Endlich kam es zu einem kleinen Haus, daraus guckte eine alte Frau. Weil sie aber so große Zähne hatte, ward ihm Angst, und es wollte fortlaufen. Die alte Frau aber lief ihm nach: „Was fürchtest du dich, liebes Kind? Bleib bei mir! Wenn du alle Arbeit im Hause ordentlich tun willst, so soll dir's gut gehn. Du musst nur achtgeben, dass du mein Bett gut machst und es fleißig aufschüttelst, dass die Federn fliegen. Dann schneit es in der Welt. Ich bin die Frau Holle."

Weil die Alte ihm so gut zusprach, so fasste sich das Mädchen ein Herz, willigte ein und begab sich in ihren Dienst. Es besorgte auch alles nach ihrer Zufriedenheit und schüttelte ihr das Bett immer gewaltig auf, dass die Federn wie Schneeflocken umherflogen. Dafür hatte es auch ein gutes Leben bei ihr, kein böses Wort und alle Tage Gesottenes und Gebratenes.

Nun war es eine Zeit lang bei der Frau Holle. Da ward es traurig und wusste selbst nicht, was ihm fehlte. Endlich merkte es, dass es Heimweh war. Ob es ihm hier gleich tausendmal besser ging als zu Hause, so hatte es doch ein Verlangen dahin. Endlich sagte es zu ihr: „Ich habe den Jammer nach Hause gekriegt, und wenn es noch so gut hier unten geht, so kann ich doch nicht länger bleiben! Ich muss wieder hinauf zu den Meinigen." Die Frau Holle sagte: „Es gefällt mir, dass du wieder nach Hause verlangst, und weil du mir so treu gedient hast, so will ich dich selbst wieder hinaufbringen."

Frau Holle, aus Gebr. Grimm, „Kinder- und Hausmärchen". Aufbau-Verlag, Berlin 1967

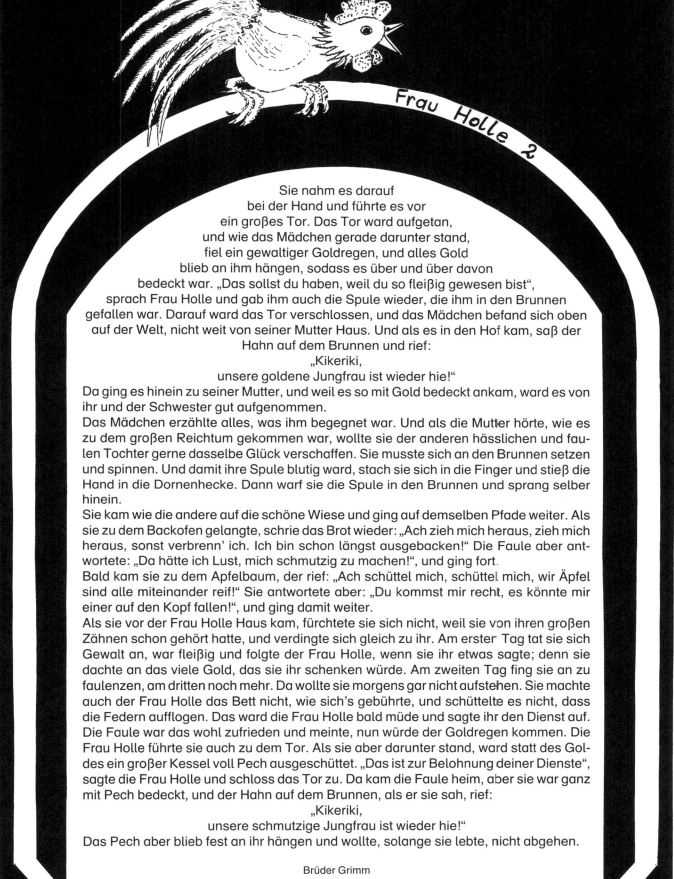

Frau Holle 2

Sie nahm es darauf
bei der Hand und führte es vor
ein großes Tor. Das Tor ward aufgetan,
und wie das Mädchen gerade darunter stand,
fiel ein gewaltiger Goldregen, und alles Gold
blieb an ihm hängen, sodass es über und über davon
bedeckt war. „Das sollst du haben, weil du so fleißig gewesen bist",
sprach Frau Holle und gab ihm auch die Spule wieder, die ihm in den Brunnen
gefallen war. Darauf ward das Tor verschlossen, und das Mädchen befand sich oben
auf der Welt, nicht weit von seiner Mutter Haus. Und als es in den Hof kam, saß der
Hahn auf dem Brunnen und rief:
„Kikeriki,
unsere goldene Jungfrau ist wieder hie!"
Da ging es hinein zu seiner Mutter, und weil es so mit Gold bedeckt ankam, ward es von
ihr und der Schwester gut aufgenommen.

Das Mädchen erzählte alles, was ihm begegnet war. Und als die Mutter hörte, wie es
zu dem großen Reichtum gekommen war, wollte sie der anderen hässlichen und fau-
len Tochter gerne dasselbe Glück verschaffen. Sie musste sich an den Brunnen setzen
und spinnen. Und damit ihre Spule blutig ward, stach sie sich in die Finger und stieß die
Hand in die Dornenhecke. Dann warf sie die Spule in den Brunnen und sprang selber
hinein.

Sie kam wie die andere auf die schöne Wiese und ging auf demselben Pfade weiter. Als
sie zu dem Backofen gelangte, schrie das Brot wieder: „Ach zieh mich heraus, zieh mich
heraus, sonst verbrenn' ich. Ich bin schon längst ausgebacken!" Die Faule aber antwortete: „Da hätte ich Lust, mich schmutzig zu machen!", und ging fort.

Bald kam sie zu dem Apfelbaum, der rief: „Ach schüttel mich, schüttel mich, wir Äpfel
sind alle miteinander reif!" Sie antwortete aber: „Du kommst mir recht, es könnte mir
einer auf den Kopf fallen!", und ging damit weiter.

Als sie vor der Frau Holle Haus kam, fürchtete sie sich nicht, weil sie von ihren großen
Zähnen schon gehört hatte, und verdingte sich gleich zu ihr. Am erster Tag tat sie sich
Gewalt an, war fleißig und folgte der Frau Holle, wenn sie ihr etwas sagte; denn sie
dachte an das viele Gold, das sie ihr schenken würde. Am zweiten Tag fing sie an zu
faulenzen, am dritten noch mehr. Da wollte sie morgens gar nicht aufstehen. Sie machte
auch der Frau Holle das Bett nicht, wie sich's gebührte, und schüttelte es nicht, dass
die Federn aufflogen. Das ward die Frau Holle bald müde und sagte ihr den Dienst auf.
Die Faule war das wohl zufrieden und meinte, nun würde der Goldregen kommen. Die
Frau Holle führte sie auch zu dem Tor. Als sie aber darunter stand, ward statt des Gol-
des ein großer Kessel voll Pech ausgeschüttet. „Das ist zur Belohnung deiner Dienste",
sagte die Frau Holle und schloss das Tor zu. Da kam die Faule heim, aber sie war ganz
mit Pech bedeckt, und der Hahn auf dem Brunnen, als er sie sah, rief:
„Kikeriki,
unsere schmutzige Jungfrau ist wieder hie!"
Das Pech aber blieb fest an ihr hängen und wollte, solange sie lebte, nicht abgehen.

Brüder Grimm

Frau Holle, aus Gebr. Grimm, „Kinder- und Hausmärchen". Aufbau-Verlag, Berlin 1967

Die drei Spatzen

In einem leeren Haselstrauch,

da sitzen drei Spatzen

Bauch an Bauch.

Der Erich rechts und links der Franz

und mitten drin der freche Hans.

Sie haben die Augen zu, ganz zu,

und obendrüber, da schneit es, hu!

Sie rücken zusammen dicht an dicht,

so warm wie der Hans hats niemand nicht.

Sie hören alle drei ihrer Herzlein Gepoch.

Und wenn sie nicht weg sind,

so sitzen sie noch.

Christian Morgenstern

Aus: Christian Morgenstern,
Ges. Werke. Piper Verlag, München 1961

Spuren im Schnee

Paare finden

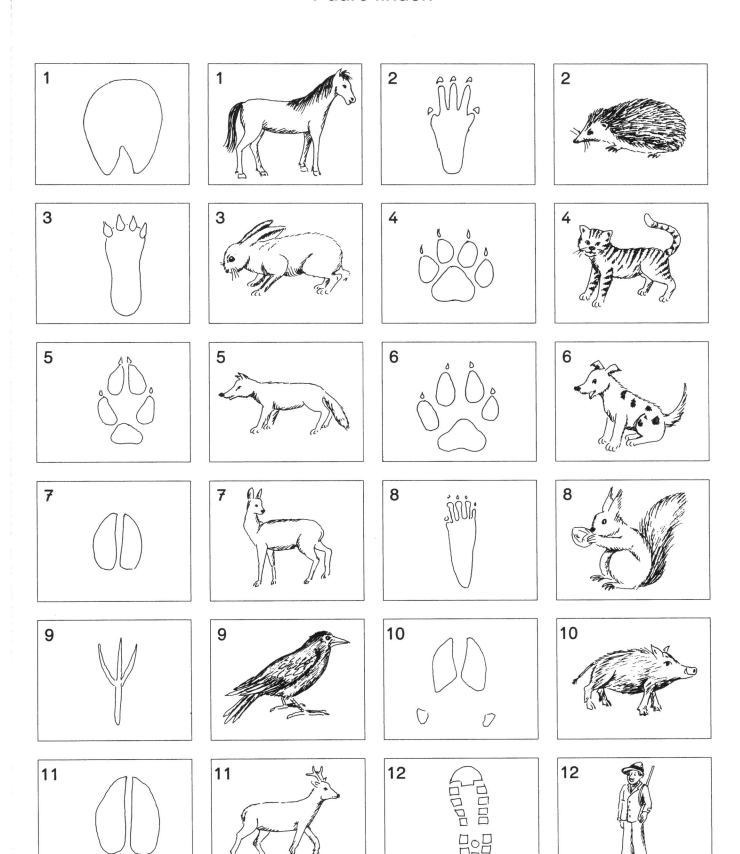

Weihnachts-Domino

Ruhige und entspannende Spiele

Spaziergang
(Bewegungsgeschichte)

Material: Musik
Ort: Klassenraum

Die Kinder wählen einen Platz frei im Raum, von dem aus sie mit ihrem Spaziergang beginnen. Es ist wichtig, dass die Lehrerin den Text langsam und ruhig vorträgt und die Kinder dazu anhält, während des Vortrages nicht zu sprechen.

„Gehe einfach still durch den Raum und achte darauf, dass du nichts berührst… Suche dir einen Weg, den du magst. Vielleicht gehst du einen großen Kreis… Von einer Ecke in die andere… oder Zickzacklinien.

Stell dir nun vor, du gehst mit schnellen Schritten eine Straße entlang. So, als würdest du schnell zur Schule gehen, um nicht zu spät zum Unterricht zu kommen. Aber STOPP! Die Ampel ist rot! Warte, bis sie auf grün springt… Nun leuchtet sie endlich grün und du darfst gleich weiter gehen. Schau dich trotzdem noch um, ob auch wirklich kein Auto kommt. Dann überquere die Fahrbahn und geh weiter, sehr zügig in Richtung Schule.

Nun stellst du dir einen schönen, ganz warmen Sonnentag vor. Du bist auf einer grünen Wiese, auf der viele bunte Blumen wachsen. Mit nackten Füßen läufst du über die Wiese… Spüre dabei das weiche, von der Sonne gewärmte Gras unter den Füßen… Manchmal kann es sein, dass dich ein paar Grashalme unter den Füßen kitzeln…

Du fühlst dich rundherum wohl und geborgen… Munter springst und hüpfst du auf der Blumenwiese herum… Da, sieh mal dort drüben, da fliegt ein bunter Schmetterling. Ob du ihn fangen kannst? Versuche es und flitze hinter ihm her…

Jetzt kommst du auf einen Kiesweg… Die kleinen Kieselsteine pieksen kräftig unter deinen Fußsohlen… Deswegen gehst du langsam und vorsichtig… Das fühlt sich vielleicht lustig an!

Oh, wie schön! Hier fließt ein kleiner Bach. Krempel deine Hosen hoch und wate durch das angenehm kühle Wasser… Aber achte darauf, dass du nicht ausrutschst und ins Wasser fällst… An manchen Stellen ist der Boden des Baches ganz schön glitschig… Du versuchst jetzt auf den großen Steinen im Bach zu gehen. Vorsichtig springst du von einem Stein zum nächsten und passt auf, dass du dabei nicht ins Wasser fällst.

Am Ufer angekommen gehst du nun gemütlich durch den Wald... Die Blätter am Waldboden rascheln, wenn du darüber wanderst... Hörst du auch das Knacken der kleinen Äste?

Jetzt stehst du auf einer Lichtung mitten im Wald… Die Sonne kitzelt deine Nase. Unter deinen Füßen spürst du das weiche Moos… Du läufst darauf so weich wie auf Wattewolken... Das macht Spaß!

Dort drüben liegt ein umgekippter Baumstamm… Balanciere darüber… Ganz schön wackelig hier oben… Setze langsam Schritt vor Schritt… Wenn du am Ende des Baumstammes angekommen bist, kannst du einfach herunterspringen…

So und nun machst du dich vom Baumstamm wieder auf den Weg in die Schule. Langsam betrittst du das Schulhaus und gehst durch die Gänge in dein Klassenzimmer. Du kommst in den Raum und erreichst deinen Platz. Dort setzt du dich leise hin.“

Pferderennen
(Bewegungsgeschichte)

Material: Stühle
Ort: am Platz oder im Stuhlkreis

Bei diesem Spiel wird der Ablauf eines Pferde-
rennens mit Bewegungen nachempfunden.
Die Kinder müssen so auf ihren Stühlen sitzen,
dass sie etwas Bewegungsfreiheit haben und auf
ihre Oberschenkel patschen können.
Die Lehrerin berichtet als Reporterin vom Rennen
und zeigt beim Erzählen die Bewegungen vor:

„Das Startkommando ertönt. Auf die Plätze, fertig,
los! Alle Pferde stürmen heraus. Das Rennen
beginnt." *Schnelles Patschen mit den Händen auf
die Oberschenkel*

„Die Zuschauer jubeln." *Hände in die Luft strecken*

„Die Pferde laufen über die Brücke." *Mit den Fäusten auf die Brust schlagen*

„Es geht weiter in die erste Rechtskurve." *Schnelles Patschen mit den Händen auf die
Oberschenkel und dazu nach rechts legen*

„Das erste Hindernis, eine Hecke wird übersprungen." *Mit beiden Händen das Überspringen darstellen*

„Die Zuschauer jubeln." *Hände in die Luft strecken*

„Die nächste Kurve kommt." *Wieder nach rechts legen, dabei weiter mit den Händen auf
die Oberschenkel patschen*

„Die nächste Brücke kommt." *Mit den Fäusten auf die Brust schlagen*

„Und wieder eine Hecke." *Mit beiden Händen das Überspringen darstellen*

„Weiter geht es zum Doppelhindernis, zwei Hecken direkt hintereinander." *Mit beiden
Armen zweimal das Überspringen darstellen*

„Die nächste Kurve folgt." *Wieder nach rechts legen, dabei weiter mit den Händen auf die
Oberschenkel patschen*

„In der Kurve befindet sich wieder eine Hecke." *In Richtung rechts liegen bleiben, mit beiden Händen das Überspringen darstellen*

„Und wieder geht es geradeaus." *Weiter mit den Händen auf die Oberschenkel patschen*

„Endlich kommt der Schlussbogen." *Wieder nach rechts legen, dabei weiter mit den Händen auf die Oberschenkel patschen*

„Die Kameraleute filmen den Schlussspurt." *Pantomimisch filmen*

„Die feinen Damen auf den Sitzplätzen jubeln den Pferden und den Reitern zu."
Eine Hand heben, leicht winken, sanft „HEY" rufen

„Die Kinder jubeln den Pferden zu." *Beide Arme heben, wild winken und mit hoher Stimme
rufen „JUHU!"*

„Es geht in die Zielgerade." *Weiter auf die Oberschenkel patschen*

„Die Pferde laufen über die Ziellinie. Zielfoto!" *Mit dem Gesicht eine freundliche Grimasse
schneiden und sie einfrieren*

„Die Zuschauer jubeln." *Hände in die Luft strecken und jubeln*

Die alte böse Königin
(Bewegungsgeschichte)

Material: keines
Ort: am Platz

Alle Kinder stehen vor ihrem Tisch und müssen gut zuhören.
Die Lehrerin erzählt die Geschichte einer alten bösen Königin,
die vor vielen, vielen Jahren einmal ein grässliches Gesicht
schnitt. Die Schüler achten dabei gut auf die vorkommenden
Personen und die Bewegungen, Gestik und Mimik des Spre-
chers. Diese Bewegungen werden anschließend nachgeahmt.
Bevor die Geschichte vorgelesen wird, werden die beteiligten
Personen und die dazugehörigen Bewegungen gemeinsam
ausprobiert.

- alte böse Königin: Stirnrunzeln
- großes Schloss: große Armbewegung
- David: in die Hocke gehen
- Maximilian: auf Zehenspitzen stellen und strecken

Zusätzlich wird die Geschichte noch mit verschiedenen anderen passenden Bewegungen ausgeschmückt.
Beim zweiten Durchgang kann der Leser auch mit den Bewegungen aussetzen.

„Vor vielen, vielen Jahren lebte eine alte böse Königin *(Stirnrunzeln)* in einem großen
Schloss *(große Armbewegung)*. Immer, wenn die alte böse Königin *(Stirnrunzeln)* wütend
wurde, und sie wurde oft wütend, stampfte sie mit den Füßen auf den Boden *(ebenso)* und
schüttelte drohend die Fäuste *(ebenso)*.
Die alte böse Königin *(Stirnrunzeln)* hatte zwei Söhne. Der erste Sohn, David, war sehr
klein *(in die Hocke gehen)*. Der zweite Sohn, Maximilian, war sehr groß *(auf Zehenspitzen
stellen und strecken)*. Eines Tages saß die Königin allein in ihrem riesigen Schloss *(große
Armbewegung)*. Der kleine David *(Hocke)* und der große Maximilian *(strecken)* spielten
draußen vor dem großen Schloss *(große Armbewegung)* Fußball *(mit dem Fuß Ball weg-
kicken)*.
Plötzlich flog der Ball *(Hände formen Ball)* krachend durch eines der herrlichen großen
Fenster *(Hände beschreiben Fenster)* des prachtvollen, großen Schlosses *(große Armbe-
wegung)* und knallte genau auf die Stirn der alten bösen Königin *(Stirnrunzeln)*.
„Au!", schrie sie *(Hände auf den Kopf)*, „Wer wagt es, mich wütend zu machen?" *(Stirnrun-
zeln)* Voll Zorn ballte sie die Fäuste *(ebenso)* und lief stampfend aus dem Zimmer *(stamp-
fen)*. „Wer hat diesen Ball geworfen?" *(Hände formen Ball)*, tobte sie.
„Das waren wir!", riefen der kleine David *(Hocke)* und der große Maximilian *(strecken)*.
„Willst du mit uns spielen?"
Zuerst wollte die Königin wieder sehr wütend *(Stirnrunzeln)* werden, aber dann sagte sie:
„Ich glaube, das könnte mir Spaß machen." Sie hob ihren Arm und warf den Ball zurück
(Arm imitiert Wurf). Die alte böse Königin *(Stirnrunzeln)* grinste plötzlich breit *(breites
Lächeln)* und rief: „Werft ihn zurück, das macht Spaß!"
„Hurra!" *(wiederholen, Arme hoch)*, freuten sich der kleine David *(Hocke)* und der große
Maximilian *(strecken)*. Und sie hüpften vor Freude im Kreis herum, weil sie gesehen hat-
ten, dass die alte böse Königin auch lachen konnte. *(Alle hüpfen im Kreis herum)*

Hör genau zu

Wie oft hörst du dieses Wort?

Das Eichhörnchen Max

Das **Eichhörnchen** Max springt munter von Ast zu Ast. Dann klettert das flinke kleine Tier rasch den Baumstamm hinunter. Max hat schon eine Menge Eicheln gesammelt. Immer wieder vergräbt das **Eichhörnchen** die Eicheln und Nüsse in der Erde. Da hört es Schritte. Sofort springt das **Eichhörnchen** wieder auf den Baum und spitzt neugierig zwischen den Zweigen hervor. Unter dem Baum steht ein Mädchen. Es hat Max entdeckt und versucht das **Eichhörnchen** mit ein paar Nüssen anzulocken. Aber Max ist vorsichtig. Da gibt das Mädchen auf und lässt die Nüsse auf der Parkbank liegen. Erst als das Mädchen weg ist, kommt der scheue Parkbewohner vom Baum. Max schnappt sich die Nüsse und vergräbt die Beute gleich in der Erde. Dann verschwindet das **Eichhörnchen** wieder im Gebüsch. Ob sich Max im Winter an seine Vorräte noch erinnern kann?

Die Katze Kuschel

Kathrin hat von ihrer Tante ein junges **Katze**nbaby bekommen. Die kleine **Katze** hat ein schwarzes Fell und einen weißen Fleck auf der Brust. Weil sie so gerne kuschelt und sich ihr Fell ganz weich anfühlt, nennt Kathrin ihre **Katze** Kuschel. Als **Katze**nfreundin hat sich Kathrin genau über ihre **Katze** informiert und weiß, was Kuschel gerne frisst und wie sie gepflegt wird. Kathrin hat von ihrer **Katze** schon viele Fotos gemacht und zeigt stolz die Bilder in der Klasse. Ihre Lehrerin erlaubt Kathrin, dass sie Kuschel einmal mit in die Schule bringen darf. Kathrins Klassenkameraden jubeln. Die kleine **Katze** hat ihre Scheu vor den vielen fremden Kindern bald überwunden. Dann holt Kathrin Kuschels Lieblingsspielzeug, eine kleine Plastikmaus, aus dem Schulranzen. Die Kinder beobachten aufmerksam, wie Kuschel zum kleinen Raubtier wird und hinter der Plastikmaus herjagt. Nach einer Stunde holt Kathrins Mutter die **Katze** wieder ab. Das war ein aufregender Tag für Kathrins Haustier.

Lisa ist neu in der Schule

Lisa ist umgezogen. Heute ist ihr erster Tag in der neuen Schule. Ihre Lehrerin Frau Limpert lächelt **Lisa** aufmunternd an und stellt sie den anderen Kindern im Morgenkreis vor: „Das ist eure neue Klassenkameradin. Sie heißt **Lisa**." Die anderen Kinder wollen gleich mehr über die neue Mitschülerin wissen. **Lisa** muss viele Fragen beantworten. In der Pause wollen Lena und Ali mit ihr Gummihüpfen spielen. **Lisa** freut sich, dass sie so schnell neue Freunde gefunden hat. Als sie ihre Mutter am Mittag abholt, hat sie viel zu erzählen. Am Nachmittag besucht sie ihre neue Freundin Lena. Schon nach ein paar Tagen kennt sie die meisten Kinder aus ihrer Klasse mit Namen. Besonders lustig findet **Lisa,** dass in ihrer Klasse noch ein anderes Mädchen **Lisa** heißt.

Die Schnecke

Kinderlied aus Österreich

1. Es gibt kein schö – ner Tier – chen, als ein sol – cher

Schneck, Schneck, Schneck; er trägt sein ei – gen

Häus – chen auf dem Rü – cken weg.

Ei wie langsam kommt der Schneck von seinem Fleck. Sieben lange Tage braucht er von dem Eck ins andre Eck.

Die Schnecke

Volksgut

Ward ein Blümlein mir geschenket

Text: Heinrich Hoffmann von Fallersleben
Melodie: volkstümlich

1. Ward ein Blüm – lein mir ge – schen – ket, hab's ge – pflanzt und

hab's ge – trän – ket. Vög – lein, kommt und ge – bet Acht.

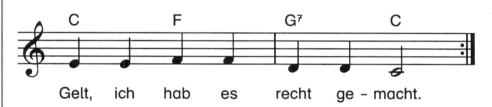

Gelt, ich hab es recht ge – macht.

2. Sonne, lass mein Blümlein sprießen.
   Wolke, komm, es zu begießen.
   Richt empor dein Angesicht.
   Liebes Blümlein, zage nicht.

3. Sonne ließ mein Blümlein sprießen.
   Wolke kam, es zu begießen.
   Jeder hat sich brav bemüht
   und mein liebes Blümlein blüht.

Bruder Jakob

Volkstümlich

1. F

Bru – der   Ja – kob,   Bru – der   Ja – kob!
Tem – bel   ço – cuk,   tem – bel   ço – cuk!
Frè – re   Jac – ques,   frè – re   Jac – ques!
Are   you   slee – ping,   are   you   slee – ping,

2. F

Schläfst   du   noch?   Schläfst   du   noch?
Hay – di   kalk!   Hay – di   kalk!
Dor – mez   vous?   Dor – mez   vous?
bro – ther   John,   bro – ther   John?

3. F

Hörst du nicht die Glo – cken?   Hörst du nicht die Glo – cken?
Ar – tık sa – bah ol – du?   Ar – tık sa – bah ol – du?
Son – nez les ma – ti – nes!   Son – nez les ma – ti – nes!
Mor – ning bells are chi – ming!   Mor – ning bells are chi – ming!

4. F

Ding,   dang,   dong,   ding,   dang,   dong.
Gün   doğ – du,   gün   doğ – du.
Ding,   dang,   dong,   ding,   dang,   dong.
Ding,   dang,   dong,   ding,   dang,   dong.